AF313444

JAPON
CHINE

AVRIL — 1913

CONDITIONS DE VENTE

La vente sera faite expressément au comptant.

Les acquéreurs paieront 10 p. 100 en sus des enchères.

L'expert, dans l'intérêt de la vente, se réserve la faculté de réunir ou diviser les lots.

L'expert assistera à l'Exposition publique et se tiendra à la disposition de MM. les amateurs qui auraient un renseignement à lui demander ou des ordres d'achat à lui confier.

OBJETS D'ART
DE LA CHINE ET DU JAPON

IVOIRES JAPONAIS
DES XVIIIe ET XIXe SIÈCLES

Porcelaines - Bronzes - Etoffes
Poignards, etc.

Dont la vente aura lieu à l'Hôtel DROUOT, salle n° 9.

Le Mercredi 16 Avril 1913.

COMMISSAIRE-PRISEUR :

Mᵉ GABRIEL

12, rue Hippolyte-Lebas

EXPERT :

M. A. PORTIER

24, rue Chauchat

Chez lesquels se distribue le présent Catalogue.

EXPOSITION PUBLIQUE : Hôtel DROUOT, salle n° 9.

Le Mardi 15 Avril 1913

De 2 heures à 6 heures.

IVOIRES JAPONAIS

1. — Bûcheron revenant de son travail avec une hotte chargée de branches de kaki. A ses pieds, accroupi, son petit garçon tend une branche chargée d'un fruit à un singe perché sur l'épaule du bonhomme.

Début du XIX° siècle.
Haut. 16 cm.

2. — Jeune femme, un écran à la main, deux Samuraï, dont l'un lève une lanterne, l'autre un sabre et un garçonnet étendu près d'une table de gô.

Haut. 18 cm.
Signé : *Shimamura Suomei.*

3. — Groupe de quatre personnages, l'un d'eux tenant un arc. A ce dernier, une fillette accroupie tend un panier fleuri.

|Haut. 15 cm.
Signé : *Shin-yusaï.*

4. — Guerrier à cheval, terrassant deux ennemis que son cheval piétine.

Haut. 16 cm.
Signé : *Shin-yusaï.*

5. — Pot à tabac, décoré sur le pourtour d'une scène champêtre et sur le couvercle d'un bûcheron se reposant et se versant une coupe de saké.

Haut. 13 cm.
Signé : *Ichiyosaï Munetoshi.*

6. — Deux Sennins, l'un assis, l'autre debout, au milieu des rochers, lisant un makimono.

Haut. 9 cm.
Signé : *Masanobu.*

7. — Trois personnages, dont l'un richement vêtu, tenant un chasse-mouche.

Haut. 8 cm.

Signé : *Shinyosaï.*

8. — Réunion de sept guerriers, d'une grande finesse d'exécution.

Haut. 7 cm.

Signé : *Giu Kushinsaï.*

9. — Vieillard accroupi, accompagné de deux enfants, dont l'un debout tient une coupe et l'autre, assis, une rose.

Haut. 11 cm.

Signé : *Mei-yosaï.*

10. — Personnage, un éventail sur la tête, dansant, accompagné de sa femme et de deux belettes.

Haut. 9 cm.

Signé : *Toyosaï Michi-chika.*

11. — Jeune fille accroupie, chantant un guidayou.

Haut. 10 cm.

Signé : *Shi bansaï Shiyoshi.*

12. — Bûcheron, une hotte fleurie sur le dos, traversant un gué : son vêtement se prend dans un piquet, son ombrelle tombe.

Haut. 13 cm.

Signé : *Nobuyoshi.*

13. — Yoshitsune terrassant Benkeï, dont il masque la figure d'un coup d'éventail.

Haut. 11 cm.

Signé : *Gio Kushinsaï.*

14. — Bûcheron assis sur un rocher, sa hotte chargée de fruits et de fleurs sur le dos, s'arrêtant pour fumer une pipette.

Haut. 15 cm.

15. — Guerrier, un arc et une flèche à la main, poursuivant un ennemi, accompagné d'un serviteur.

Haut. 9 cm.

Signé : *Masamichi.*

16. — Guerrier à cheval, accompagné d'un serviteur portant un sabre.

Haut. 6 cm.

Signé : *Chikuyosaï Tomochika.*

17. — Groupe d'enfants jouant entre les valves d'une gigantesque
coquille d'awabi.

Haut. 4 cm.

Signé : *Masakazu.*

18. — Jeune femme et trois garçonnets dansant.

Haut. 9 cm.

Signé : *Masamichi.*

19. — Famille de bûcherons, l'homme debout portant une hachette, la
femme, accroupie, préparant le repas.

Haut. 16 cm.

Signé : *Riyosui.*

20. — Paysan, un large chapeau de paille sur la tête, s'arrêtant près
d'une jeune femme accroupie devant un panier de kaki.

Haut. 15 cm.

Signé : *Ichiyusaï Komin.*

21. — Petit fabricant de flèches.

Haut. 6 cm.

Signé : *Shizutora.*

22. — Vieillard assis sur un rocher, se reposant : un petit serviteur agenouillé lui fait un tabouret de ses mains.

Haut. 6 cm.

Signé : *Tomochika.*

23. — Groupe de blanchisseuses.

Haut. 10 cm.

Signé : *Kikukawa Gioku-min.*

24. — Deux Sennins dans les rochers, accompagnés d'un tigre et d'un
dragon.

Haut. 8 cm.

Signé : *Masamichi.*

25. — Personnage et enfant rabotant une planche.

Diam. 13 cm.

Signé : *Komin.*

26. — Trois guerriers se préparant à boire.

Haut. 5 cm.

Signé : *Seichui.*

27. — Yoshitsune attaquant Benkeï, armé d'un immense fauchard.

Haut. 9 cm.

28. — Shoki élevant à bout de bras deux onis qui exécutent des acrobaties au-dessus de sa tête.

> Haut. 21 cm.
> Signé : *Masamichi.*

29. — Jeune femme debout, une pièce d'étoffe sous le bras, causant avec deux hommes, dont l'un accroupi, fume sa pipette.

> Haut. 8 cm.
> Signé : *Meigioku.*

30. — Nombreux enfants jouant autour d'un éléphant.

> Haut. 9 cm.
> Signé : *Gioku Kosaï.*

31. — Deux personnages, dont l'un barbu, tenant un arc et des flèches.

> Haut. 8 cm.
> Signé : *Harukiyo.*

32. — Personnage, armé d'une table de gô, bousculant trois personnages qui le menaçaient de leurs sabres.

> Haut. 11 cm.
> Signé : *Yosaï Kogetsu.*

33. — Benkeï tenant un sabre d'une main et un large chapeau de l'autre.

> Haut. 11 cm.

34. — Trois Immortels montrant à un jeune enfant un makimono.

> Haut. 6 cm.
> Signé : *Ono Aitsugu.*

35. — Groupe de paysans.

> Haut. 9 cm.
> Signé : *Giokusaï.*

36. — Groupe de cinq personnages jouant, faisant passer un noble personnage entre leurs jambes pour l'abaisser moralement.

> Haut. 6 cm.
> Signé : *Hogiokusai.*

37. — Trois personnages barbus discutant autour d'un tabouret portant des makimonos.

> Haut. 6 cm.
> Signé : *Masanobu.*

38. — Personnage, armé d'une sagaie, frappant un monstre qui se pré-
parait à dévorer un homme renversé sous lui.

Haut. 7 cm.

Signé : *Kinsen.*

39. — Assemblée de six poètes en des poses diverses. Rokasen.

Haut. 8 cm.

Signé : *Isesaï Naomichi.*

40. — Cortège dans les rochers, passant près d'une jeune laveuse.

Haut. 6 cm.

Signé : *Shosaï.*

41. — Deux personnages armés d'une lance.

Haut. 12 cm.

Signé : *Hidetoshi.*

42. — Sculpteurs de masque.

Haut. 6 cm.

Signé : *Suozan.*

43. — Deux petits personnages déterrant des pousses de bambous.

Haut. 7 cm.

Signé : *Ikosaï Muneaki.*

44. — Groupe de trois personnages en ivoire, sur un socle en bois : ils
dansent, tenant chacun un grelot.

Haut. 13 cm.

Signé : *Nobu Kore.*

45. — Personnage agenouillé tenant une perruque fraîchement lustrée
et une rose.

Haut. 10 cm.

Signé : *Yoshi toshi.*

46. — Groupe de trois petits personnages dansant, dans des attitudes
gracieuses.

Haut. 8 cm.

Signé : *Nobu Kore.*

47. — Princesse, richement vêtue, debout près d'un serviteur portant
un écran : à leurs pieds un noble personnage assoupi.

Haut. 14 cm.

Signé : *Shinrosaï.*

48. — Combat entre Benkeï et Yoshitsune.

Haut. 13 cm.

Signé : *Hoshinsaï Uyemura Masanobu.*

49. — Petits personnages grimpant sur un éléphant.

Haut. 8 cm.

50. — Samuraï debout, un arc à la main, son carquois dans le dos.

Haut. 18 cm.

51. — Ciboire sculpté en haut relief de jeunes enfants. Couvercle surmonté d'un enfant accroupi. Travail européen.

Haut. 29 cm.

52. — Verseuse sculptée en relief d'un tableau de chasse. Aux branches d'un arbre pendent sangliers, daims et lièvres. Travail européen.

Haut. 20 cm.

53. — Petite boîte sculptée sur le couvercle d'un enfant étendu.

54. — Très beau poignard japonais à monture argentée, finement ciselée de vagues.

Kozuka et Kogai, ciselés de mêmes motifs. Lame à trempe droite signée.

Suketora habitant la province de Bizen.

55. — Petit sabre minuscule, avec fourreau de laque d'or, poignée de galucha et menuki d'or.

Long. 16 cm.

56. — Autre petit sabre, à fourreau de galucha, avec kogai ciselé.

Long. 16 cm.

57. — Daïkoku, juché sur son tonneau, danse, tenant une ombrelle, au son d'une guitare que gratte une jeune personne debout à ses côtés. Un petit personnage lui présente des fruits avec lesquels il s'apprête à jongler. Ivoire.

Haut. 20 cm.

Cachet de Fuku.

58. — Mousmée en promenade, une ombrelle à la main.

Haut. 37 cm.

Signé : *Akitsugu.*

59. — Sennin accompagné d'un dragon, élevant une coupe d'où sort une gerbe d'eau.

Haut. 28 cm.

Signé : *Fukuji.*

60. — Personnage, un canard à la main, debout près d'un rocher sur lequel est posée une corbeille chargée de fleurs et de fruits.

Haut. 25 cm.

Signé : *Ashizawa*.

61. — Kouan yin, très finement sculptée, accompagnée de deux petits serviteurs portant des attributs.

Haut. 28 cm.

Signé : *Shusho*.

62. — Personnage accroupi supportant un dragon sur lequel est assise une petite Kouan yin.

Haut. 25 cm.

Cachet de Muné.

63. — Personnage, une corbeille à la main, jetant des graines à une poule.

Haut. 22 cm.

Signé : *Yuka*.

64. — Sennin debout sur un dragon, une coupe à la main.

Haut. 20 cm.

Signé : *Toyoaki*.

65. — Nombreux enfants jouant autour de l'orifice d'un puits.

Haut. 20 cm.

Signé : *Giokuhide*.

66. — Jeune femme, une serpe à la main, tenant une botte de légumes.

Haut. 19 cm.

Signé : *Meishin*.

67. — Kouan yin, une pêche de longévité à la main, debout près d'un personnage accroupi.

Haut. 14 cm.

68. — Guerriers renversés par un dragon sur lequel est assise une petite divinité.

Haut. 6 cm.

Signé : *Kozan*.

69. — Chapelle ouvrante, renfermant une statuette de Kywannon assis derrière deux vases fleuris.

Les faces extérieures de la chapelle et les vantaux sont ciselés de nombreuses scènes de Rakans.

Haut. 19 cm.

70. — Autre petite chapelle ouvrante renfermant un personnage une fleur de lotus à la main.

Haut. 12 cm.
Signé : *Hakunobu.*

71. — Bûcheron revenant de son travail, une botte de fagots à la main.

Haut. 19 cm.
Signé : *Harukazu.*

72. — Statuette figurant la Kouan yin de la mer, un panier à la main, richement vêtu d'une robe rehaussée de nacre et incrustations diverses.

Haut. 25 cm.
Signé : *Kozan.*

73. — Daïkoku, dansant et jouant de la guitare, grimpé sur le dos d'un oni.

Haut. 20 cm.
Signé : *Masashi.*

74. — Nombreux personnages jouant avec une énorme conque.

[Haut. 19 cm.
Signé : *Haruyoshi.*

75. — Jolie statuette finement sculptée, représentant une Kouan yin accompagnée de deux apsara enrubannées tenant l'une, une boîte, l'autre un sceptre.

Haut. 39 cm.
Signé : *Yoshiaki.*

76. — Petit personnage déroulant une pièce d'étoffe.

Haut. 4 cm.
Signé : *Kogetsu.*

77. — La barque Takarabune, contenant les dieux du Bonheur, en liesse.

Haut. 5 cm.
Signé : *Naoaki.*

78. — Petite divinité accroupie sur le lotus, devant une auréole funagoku.

Haut. 16 cm.
Signé : *Yoshiaki.*

79. — Assanaga et Tenaga, l'homme aux longs bras et l'homme aux longues jambes.

Haut. 8 cm.
Signé : *Hogioku.*

80. — Personnage brandissant un chasse-mouches.

Haut. 4 cm.
Signé : *Kamin.*

81. — Personnage accroupi, serrant les cordes d'un taïko.

Haut. 4 cm.
Signé : *Shinzan.*

82. — Hoteï accompagné d'un enfant, irrévérencieusement grimpé sur son crâne.

Haut. 5 cm.
Signé : *Koreharu.*

83. — Deux petits personnages que menace un crabe.

Haut. 4 cm.
Signé : *Masatoshi.*

84. — Petit personnage élevant une poupée sculptée à son image.

Haut. 6 cm.
Signé : *Kogetsu.*

85. — Gardien de temple accompagné d'un enfant.

Haut. 6 cm.
Signé : *Kogetsu.*

86. — Trois sabres en ivoire, à décor de guerrier.

87. — Un lot de dix petites statuettes en grès émaillé.

(Sera divisé.)
Par Ryosai.

88. — Une paire de vases Satsuma, à décor de Rakans.

89. — Une paire de vases en porcelaine du Japon.

90. — Une paire de vases en bronze cloisonné de Canton.

91. — Une paire de potiches en porcelaine bleu et blanc à décors de dragons dans les nuages.

Haut. 60 cm.

92. — Une paire de vases en forme de bouteilles, en porcelaine bleu et blanc, à décor de paysages.

Haut. 50 cm.

93. — Un vase en forme de bouteille hexagonale à décor de paysages et de poésies. Anses salamandres. Porcelaine bleu et blanc.

Haut. 57 cm.

94. — Une paire de grands cache-pots à décor de paysages maritimes. Porcelaine bleu et blanc.

Diam. 40 cm.

95. — Une potiche en porcelaine bleu et blanc à décor de fleurs.

Haut. 45 cm.

96. — Sept grands plats en porcelaine bleu et blanc, à décors variés de paysages et de fleurs.

(Seront divisés.)

97. — Une paire de petites bouteilles piriformes à décor de dragons et de fleurs.

Haut. 18 cm.

98. — Une jardinière quadrilatérale en porcelaine bleu et blanc.

99. — Un lot de bols et de coupes en porcelaine bleu et blanc.

100. — Une coupe côtelée en porcelaine de Satsuma à décor de Rakans.

101. — Une petite bouteille en porcelaine de Satsuma décorée sur fond bleu de médaillons de personnages et de fleurs.

102. — Une grande assiette finement décorée d'un couple de canards sous une glycine en fleurs.

Cachet de Kinkozan.

103. — Un service composé de douze assiettes, un bol, dix tasses, dix soucoupes, une théière, un sucrier, un pot à lait en porcelaine de Satsuma extrêmement fine (demi-coquille).

104. — Une théière, un brûle-parfums et deux petits vases Satsuma.

105. — Une théière Satsuma.

106. — Deux vases en porcelaine craquelée.

107. — Une gourde porcelaine bleu et blanc.

108. — Trois paires de vases cloisonnés finement décorés.

109. — Une boîte ronde cloisonnée : décor coq et fleurs.

110. — Un plateau fumeur, cloisonné.

111. — Un service à liqueur, en métal argenté, ciselé de dragons dans les nuages.

112. — Une théière, une cafetière et un sucrier en métal argenté, cisclés
de motifs fleuris.

113. — Deux bonbonnières en métal doré à décor de vigne.

114. — Six tasses, bois sculpté et métal.

115. — Une thé ère, un pot à lait et un pot à thé en étain.

116. — Un sucrier bois et métal.

117. — Une pipe à eau tonkinoise avec incrustations de nacre.

118. — Un tube en ivoire, sculpté de nombreux personnages.

119. — Deux petites statuettes en ivoire.

120. — Une panoplie de dix flèches finement ciselées.

121. — Un meuble à quatre étagères en bois de teck, finement sculpté
sur les gal. ries ajourées et les portants, de motifs fleuris.

122. — Un lot d'étoffes brodées, coussins, tentures, etc.

(Sera divisé.)

123. — Lots omis.

ÉVREUX, IMPRIMERIE, CH. HÉRISSEY, PAUL HÉRISSEY. SUCC^r

SOCIÉTÉ
Franco-Japonaise de Paris

❧ ❧ ❧

PAVILLON DE MARSAN
107, Rue de Rivoli, 107

Fondée en 1900, la "Société Franco-Japonaise de Paris" est, de par l'article premier de ses statuts, un "centre où se traitent toutes les questions dont s'occupent, à un titre quelconque, les japonisants ; artistes, industriels, commerçants, amateurs et savants· Elle favorise le développement des relations sociales entre les Français et les Japonais, en offrant aux résidents et voyageurs français au Japon et japonais en France, l'assistance dont ils ont besoin pour leurs études et leurs affaires.

La Société a pour moyens d'action :

1º. — Des Conférences généralement mensuelles.

2º. — Une Bibliothèque, ouverte aux membres de la Société, tous les Vendredis, de 2 heures à 6 heures. Riche de plus d'un millier de volumes, concernant le Japon, elle comprend notamment : les collections et ouvrages suivants : *La Kokka*, le superbe recueil intitulé *National Temples and their Treasures* ; *L'Histoire de l'Art du Japon*, publié par la Commission Impériale : *Les Transactions de la Japan Society de Londres* ; *L'Asiatic Society du Japon* : *Les Mitteilungen de la Société Allemande de Tokyo*, etc.

3º. — Les bons offices d'un Secrétaire interprète, qui se tient également le Vendredi, au Siège de la Bibliothèque, à la disposition des Membres de la Société

4o. — **Un Bulletin trimestriel**, honoré depuis 1906 d'une souscription du Ministère de l'Instruction publique. De nombreuses Bibliothèques publiques, tant en France qu'au dehors, le reçoivent aujourd'hui.

Au cours de ces dernières années, le Bulletin a donné à ses lecteurs la primeur d'un bon nombre d'articles, dûs à des plumes autorisées, concernant les Beaux-Arts et la Littérature du Japon. En voici une liste sommaire :

P. LEMOISNE : Les maîtres de la Gravure japonaise.
RAYMOND KŒCHLIN : Etudes sur *Sharaku, Buncho, Kyonaga, Utamare*, etc·
P. MALLON : Les primitifs de l'estampe japonaise.
E. DESHAYES : L'Exposition rétrospective d'Art japonais a Londres.

ISHIKAWA : Une Poétesse japonaise et son œuvre, Sei Shonagon.
T. MIYAMOTO : Le Nô, drame lyrique du Japon.
TAKIMURA : Esquisse psychologique du peuple japonais.
G. MIGEON : Shunku Sugiura.
H. L. JOLY : Introduction à l'étude des montures de sabre.
Marquis DE TRESSAN : L'évolution de la garde de sabre du Japon.
ROGER BRYLINSKI : Ten Ichi Ro, roman historique adapté du japonais.
CH. LEROUX : La Musique japonaise classique.
A. WESTARP : A la découverte de la Musique japonaise.
ALEX. HALOT : Formose.
R. PETRUCCI : Chroniques archéologiques d'Extrême-Orient.
E. CLAVERY : L'Institut historique de Tokyo.
T. MOLLER : Chroniques des Expositions et Ventes.
H. MYLES : Paysages japonais.
H. VEVER : Influence de l'Art japonais sur l'Art décoratif moderne, etc.

Les prochains numéros contiendront des articles, signés des noms qui
viennent d'être cités et la suite des chroniques, si appréciées, de MM. R. Petrucci
et T. Möller, qui ont bien voulu promettre de continuer leur collaboration.

L'article 4 des statuts dispose :

" Pour entrer dans la Société, il faut être présenté par deux membres
et agréé par le Conseil

Le montant des Cotisations, pour les diverses catégories de Sociétaires,
est fixé ainsi qu'il suit :

	Monnaie française	Monnaie japonaise
Membre annuel	15 Francs	5 Yen 80
Membre à vie	150 Francs	58 Yen
Membre donateur	300 Francs	116 Yen

(Exonérant de la cotisation annuelle.)

Prix de l'insigne (facultatif : 12 Francs ou 4 Yen 65).

Sur demande affranchie, adressée au Siege de la Société, Pavillon de
Marsan, 107, Rue de Rivoli, le Secrétaire général enverra une formule d'adhésion
ainsi qu'un exemplaire des statuts. Il se tient d'ailleurs à la disposition de ses
Collègues, ainsi que des personnes étrangères à la Société, tous les vendredis de
2 heures à 3 heures et demie, à la Bibliothèque de cette Société, 59, avenue
du Bois de Boulogne (Musée d'Ennery).

ASSOCIATION AMICALE FRANCO-CHINOISE

18, RUE LAFAYETTE, PARIS

Fondée en 1907, l'Association amicale Franco-Chinoise a pour objet de faire naître et d'entretenir entre Français et Chinois des relations d'estime mutuelle, de cordialité et de solidarité pouvant leur permettre de se mieux connaître et, par conséquent, de se mieux apprécier.

L'Association recherche tous les éléments qui sont de nature à rapprocher les Chinois et les Français et à les mettre à même d'étudier et de bien comprendre leurs intérêts réciproques, ainsi que leur civilisation respective. afin d'en profiter mutuellement dans toute la mesure du possible.

Elle a pour but, notamment, de favoriser le développement des relations entre les Français et les Chinois en offrant aux résidents et voyageurs français en Chine et chinois en France le concours dont ils ont besoin pour leurs affaires.

Elle organise des CONFÉRENCES et publie un *Bulletin* trimestriel de plus de 100 pages, illustré de dessins et de cartes ou plans, destiné au grand public, aussi bien qu'aux spécialistes de la sinologie et des arts de l'Extrême-Orient.

Les principaux articles de ce *Bulletin* sont consacrés à la civilisation, à la géographie, aux mœurs et usages, à la littérature et aux beaux-arts de la Chine.

Voici le sommaire des quatre derniers fascicules de cette revue, formant le tome IV, 1912.

N° 1. — Calendrier sino-français (quatrième année Siuan-t'ong). — G. DU-CROCQ : *D'Och à Kachgar* (Première partie). — L. BINYON : *Le vol du dragon*. Traduction d'ARDENNE DE TIZAC (I à IV).— G. DOUIN : *Cérémonial de la Cour et coutumes du peuple de Pékin* (fin). — Miscellanées : *La rivière Ya-long et ses affluents*, par A. VISSIÈRE et R. GARREAU. — Extraits de la presse chinoise. — Bibliographie.—Déjeuners de l'Association. — Liste des membres de l'Association.

N° 2. — *Empire et République en Chine.* — G. DUCROCQ : *D'Och à Kachgar* (fin). — L. BINYON : *Le vol du dragon*. Traduction d'ARDENNE DE TIZAC (V et VI). — Miscellanées : *La langue chinoise au Siam*, par C. NOTTON. *Le haut Yang-tseu*, par R. GARREAU. *Géographie politique et administration de la République chinoise*, par A. VISSIÈRE. *Transcription du chinois*, par A. VISSIÈRE. *Nouvelles de M. Bons d'Anty.* — Art chinois : *Vases chinois anciens*, par H. D'ARDENNE DE TIZAC. *Exposition de peintures chinoises et de paravents. Exposition des arts de l'Asie*, par K. L. T. *Ventes d'objets d'art de la Chine. Dons au Musée Guimet*, par L. PAILLET. — Bibliographie. — Déjeuners de l'Association.

N° 3. — L. REYNAUD : *Du fleuve Rouge au fleuve Bleu* (II. A.) — L. BINYON : *Le vol du dragon*. Traduction d'ARDENNE DE TIZAC (VII à X). — Stan. MILLOT : *Excursions rapides en Chine* (II° série, 1 à 13. — Miscellanées : *La femme chinoise*, par G. SOULIÉ. *Géographie politique et administration*, II, par A. VISSIÈRE. *Les Hommes aux yeux de couleur*, par A. VISSIÈRE. *Sceaux du général Fou-k'ang-ngan*, par A. VISSIÈRE. *Examens de langue chinoise. La mission*

DES VISITES DE MUSÉES ou de collections d'Extrême-Orient ont lieu avec l'aimable concours de leurs directeurs ou organisateurs.

Un DÉJEUNER réunit tous les deux mois, sauf pendant les vacances, au Café Riche, un grand nombre de convives sous la présidence d'un Français ami de la Chine ou d'un représentant de la Chine à Paris. Les voyageurs revenant de Chine sont spécialement conviés à ce déjeuner (La cotisation est de 7 fr. 50).

L'Association se compose de Membres d'honneur, de Membres bienfaiteurs, de Membres perpétuels et de Membres actifs. Les douze premiers Membres actifs qui ont fondé l'Association sont Membres fondateurs.

Les *Membres d'honneur* sont désignés par le Bureau parmi les personnes qui ont rendu ou peuvent rendre d'importants services à l'Association. Les *Membres bienfaiteurs* sont ceux qui versent, en une seule fois, une somme d'au moins 300 francs à la caisse de l'Association. Les *Membres perpétuels* sont ceux qui versent, en une fois ou en cinq termes égaux, une cotisation unique de 240 francs.

Pour être *Membre actif* de l'Association, il faut être présenté par deux Membres actifs, être admis par le Bureau et payer un droit d'entrée de 5 francs et une cotisation annuelle de 12 francs.

L'Association peut, en outre, accepter tous dons et subventions. Ces fonds sont gérés par le Bureau au mieux des intérêts de la Société.

Le Bureau peut accepter, parmi les étudiants chinois et français, des membres qui sont exemptés du paiement du droit d'entrée et dont la cotisation annuelle est réduite à 5 francs. Ces membres peuvent assister aux réunions de l'Association avec voix consultative.

Sur demande, le Secrétaire général enverra une formule d'adhésion ainsi qu'un fascicule spécimen du *Bulletin* contenant le texte des *Statuts* de l'Association.

Adresser les communications à M. Georges DUCROCQ, Secrétaire général, 13, avenue de l'Observatoire, Paris (VI°).

Voici la liste des Membres du Bureau et du Comité de Direction de la Société :

BUREAU.

Présidents d'honneur :

M. PICHON, Sénateur, Ancien Ministre des Affaires étrangères.
M. LIOU She-shun, Ancien Représentant diplomatique provisoire de Chine en France.

BERTHELOT (Philippe), Ministre plénipotentiaire, Sous-directeur des affaires d'Asie
et d'Océanie au Ministère des Affaires étrangères.
le Vicomte DE CAIX DE SAINT-AYMOUR (Robert), Publiciste, Secrétaire général du
Comité de l'Asie française.
le Comte Du CHAYLARD, Ministre plénipotentiaire.
COLLIN (Victor), Ministre plénipotentiaire.
DOMANGE (Albert), Industriel.
DROUHET (Frédéric), Secrétaire général des Colonies.
DUBAIL (Georges), Ancien Ministre plénipotentiaire de la République Française en Chine.
DUCHEMIN (Eugène), Ancien Membre du Conseil supérieur de l'Indochine, Ancien
Président de la Chambre d'Agriculture du Tonkin.
DUJARDIN-BEAUMETZ (François), Ingénieur civil, Membre du Comité de Direction
du Conseil des Forges de France et du Bureau du Comité central des Houillères
de France, Président et Administrateur de diverses Sociétés industrielles.
le Baron De GOY, Ancien Résident de France au Cambodge (Indochine).
GRELLET (Mac), Secrétaire de l'Union républicaine des conférenciers et publicistes
de Paris.
GUILLAIN, Inspecteur général des Ponts et Chaussées, en retraite, Ancien Ministre
des Colonies, Président de l'Union des Industries minière et métallurgique de
France, etc.
le Baron HULOT, Secrétaire général de la Société de Géographie de Paris.
LABBÉ (Paul), Explorateur, Secrétaire général de la Société de Géographie commer-
ciale de Paris.
LEBAUDY (Robert), Membre perpétuel.
LESEUR (Félix), Membre du Conseil supérieur des Colonies, Secrétaire général de la
Société d'Economie industrielle et commerciale.
LYNN Tong-sih, Représentant diplomatique provisoire de Chine à Paris.
Mme Isabelle MASSIEU, Explorateur, Chevalier de la Légion d'honneur.
MILHE (P.-E.), Contrôleur-chef aux Douanes chinoises, Swatow (Chine).
le Général de PELACOT.
RICHARD (Georges), Magistrat, ancien avocat à la Cour de Paris, Publiciste.
SHENG, Ancien secrétaire à la Légation de Chine à Paris.
THOMEGUEX, Conseiller du Commerce extérieur de la France.
TSANG Jen-kie, Négociant.
VISSIÈRE (Arnold), Consul général de France, Professeur de langue chinoise à
l'Ecole des Langues orientales vivantes de Paris, Secrétaire-interprète du Gouver-
nement de la République Française.

....

ASSOCIATION AMICALE FRANCO-CHINOISE

DÉCLARÉE CONFORMÉMENT A LA LOI DU 1er JUILLET 1901

SIÈGE SOCIAL : 18, rue La Fayette, PARIS (9e Arrondissement)

DEMANDE D'ADHÉSION

Nom et prénoms ....

Profession, titres ....

....

Domicile ....

Parrains M. ....

     M. ....

Je demande à faire partie de l'*A. F. C.* en qualité de Membre { bienfaiteur / perpétuel / actif

SIGNATURE

Membre bienfaiteur : **800** fr.
  —   perpétuel : **240** fr.
  —   actif : **12** fr. par an, plus **5** fr. de droit d'entrée.

Adresser la présente demande d'adhésion à M. Georges DUCROCQ, Secrétaire Général
de l'*Association Amicale Franco-Chinoise*, 13, avenue de l'Observatoire, Paris (VIe).
Tous les adhérents reçoivent *gratuitement* le Bulletin trimestriel de l'Association.

9 782329 550015